Wandertagebuch

ADVENTURE

Get Lost

Name

....

Adresse

....

....

....

Telefon / Mobil

....

E-Mail-Adresse

....

Sonstige Informationen

....

....

....

Das muss alles mit ...

Ausrüstung

- ☐ Personalausweis
- ☐ Krankenversicherungskarte
- ☐ Rucksack
- ☐ Erste-Hilfe-Set
- ☐ Smartphone
- ☐ Karten / Navigationsgerät
- ☐ Kompass
- ☐ Bargeld / EC-Karte
- ☐ Taschenmesser / Multitool
- ☐ Feuerzeug
- ☐ Wanderstock
- ☐ Sonnencreme
- ☐ Fernglas
- ☐ Kamera
- ☐ Wandertagebuch
- ☐ ....
- ☐ ....
- ☐ ....
- ☐ ....
- ☐ ....
- ☐ ....
- ☐ ....
- ☐ ....

Bekleidung

- ☐ Shirt (Lang- / Kurzarm)
- ☐ Wanderschuhe
- ☐ Wanderhose (kurz / lang)
- ☐ Jacke (wetterfest)
- ☐ Pullover / Fleecejacke
- ☐ Wandersocken
- ☐ Funktionsunterwäsche
- ☐ Hut / Mütze
- ☐ Handschuhe
- ☐ ....
- ☐ ....
- ☐ ....

Verpflegung

- ☐ Wasser / Tee
- ☐ Snacks
- ☐ Energieriegel
- ☐ Obst
- ☐ ....
- ☐ ....
- ☐ ....
- ☐ ....
- ☐ ....

Notizen

Tourenverzeichnis...

Name der Tour ....

Art der Tour ....

Datum ....   **Ort / Gebirge** ....

Dauer ....

Ausgangspunkt (Höhe) ....

Zielpunkt ....

Distanz ....   **Höhenmeter** ....

Begleiter ....

....

....

Wetter (durchschnittlich)

☀ ⛅ ☁ ☁ 🌧 🌨 🌡 °C

○ ○ ○ ○ ○ ○ .....

Etappen

Hütten / Einkehr

Bewertung

Stempel / Beleg

Schwierigkeit
☆ ☆ ☆ ☆ ☆

Aussicht
☆ ☆ ☆ ☆ ☆

Landschaft
☆ ☆ ☆ ☆ ☆

Frequentierung
☆ ☆ ☆ ☆ ☆

Besonderheiten, Erlebnisse & Fotos

• •

• •

• •

• •

• •

• •

Notizen

Name der Tour ....

Art der Tour ....

Datum ....   **Ort / Gebirge** ....
Dauer ....

Ausgangspunkt (Höhe) ....
Zielpunkt ....

Distanz ....   **Höhenmeter** ....

Begleiter ....
....
....

Wetter (durchschnittlich)

☀ 🌤 ☁ 🌥 🌧 🌨 | °C
○ ○ ○ ○ ○ ○ .....

Etappen

Hütten / Einkehr

Bewertung

Schwierigkeit
☆ ☆ ☆ ☆ ☆

Aussicht
☆ ☆ ☆ ☆ ☆

Landschaft
☆ ☆ ☆ ☆ ☆

Frequentierung
☆ ☆ ☆ ☆ ☆

Stempel / Beleg

Besonderheiten, Erlebnisse & Fotos

• •

• •

• •

• •

• •

• •

Notizen

Name der Tour ....

Art der Tour ....

Datum .... **Ort / Gebirge** ....

Dauer ....

Ausgangspunkt (Höhe) ....

Zielpunkt ....

Distanz .... **Höhenmeter** ....

Begleiter .... **Wetter** (durchschnittlich)   °C

....   ○ ○ ○ ○ ○ ○ .....

....

Etappen

Hütten / Einkehr

Bewertung   Stempel / Beleg

Schwierigkeit   *Aussicht*

☆ ☆ ☆ ☆ ☆   ☆ ☆ ☆ ☆ ☆

Landschaft   *Frequentierung*

☆ ☆ ☆ ☆ ☆   ☆ ☆ ☆ ☆ ☆

Besonderheiten, Erlebnisse & Fotos

• •

• •

• •

• •

• •

• •

Notizen

Name der Tour ....

Art der Tour ....

Datum ....

Dauer ....

Ort / Gebirge ....
....

Ausgangspunkt (Höhe) ....

Zielpunkt ....

Distanz ....

Höhenmeter ....

Begleiter ....
....
....

Wetter (durchschnittlich)

☀ 🌤 ☁ ⛅ 🌧 🌨 🌡℃

○ ○ ○ ○ ○ ○ .....

Etappen

Hütten / Einkehr

Bewertung

Schwierigkeit
☆☆☆☆☆

Aussicht
☆☆☆☆☆

Landschaft
☆☆☆☆☆

Frequentierung
☆☆☆☆☆

Stempel / Beleg

Besonderheiten, Erlebnisse & Fotos

· ·

· ·

· ·

· ·

· ·

· ·

Notizen

Name der Tour ....

Art der Tour ....

Datum ....　**Ort / Gebirge** ....

Dauer ....　..

Ausgangspunkt (Höhe) ....

Zielpunkt ....

Distanz ....　**Höhenmeter** ....

Begleiter ....　**Wetter** (durchschnittlich)

....　°C

....　○　○　○　○　○　○　.....

Etappen

Hütten / Einkehr

Bewertung

Schwierigkeit　　*Aussicht*

☆☆☆☆☆　　☆☆☆☆☆

Landschaft　　*Frequentierung*

☆☆☆☆☆　　☆☆☆☆☆

Stempel / Beleg

Besonderheiten, Erlebnisse & Fotos

••

••

••

••

••

••

Notizen

Name der Tour ....

Art der Tour ....

Datum ....

Ort / Gebirge ....

Dauer ....

....

Ausgangspunkt (Höhe) ....

Zielpunkt ....

Distanz ....

Höhenmeter ....

Begleiter ....

....

....

Wetter (durchschnittlich)

☀ 🌤 ☁ 🌥 🌧 🌨 🌡°C

○ ○ ○ ○ ○ ○ .....

Etappen

Hütten / Einkehr

Bewertung

Stempel / Beleg

Schwierigkeit

☆ ☆ ☆ ☆ ☆

Aussicht

☆ ☆ ☆ ☆ ☆

Landschaft

☆ ☆ ☆ ☆ ☆

Frequentierung

☆ ☆ ☆ ☆ ☆

Besonderheiten, Erlebnisse & Fotos

Notizen

Name der Tour ....

Art der Tour ....

Datum .... | **Ort / Gebirge** ....

Dauer .... | ....

Ausgangspunkt (Höhe) ....

Zielpunkt ....

Distanz .... | **Höhenmeter** ....

Begleiter ....

....

....

Wetter (durchschnittlich)

☀ ⛅ ☁ 🌥 🌧 🌨 🌡 °C
○ ○ ○ ○ ○ ○ .....

Etappen

Hütten / Einkehr

Bewertung

Schwierigkeit
☆☆☆☆☆

Aussicht
☆☆☆☆☆

Landschaft
☆☆☆☆☆

Frequentierung
☆☆☆☆☆

Stempel / Beleg

Besonderheiten, Erlebnisse & Fotos

• •

• •

• •

• •

• •

• •

Notizen

Name der Tour ....

Art der Tour ....

Datum ....   **Ort / Gebirge** ....
Dauer ....

Ausgangspunkt (Höhe) ....
Zielpunkt ....

Distanz ....   **Höhenmeter** ....

Begleiter ....
....
....

Wetter (durchschnittlich)

☀ ⛅ ☁ 🌫 🌧 🌨 🌡 °C
○ ○ ○ ○ ○ ○ .....

Etappen

Hütten / Einkehr

Bewertung

Stempel / Beleg

Schwierigkeit
☆ ☆ ☆ ☆ ☆

Aussicht
☆ ☆ ☆ ☆ ☆

Landschaft
☆ ☆ ☆ ☆ ☆

Frequentierung
☆ ☆ ☆ ☆ ☆

Besonderheiten, Erlebnisse & Fotos

....

....

....

....

....

....

Notizen

Name der Tour ....

Art der Tour ....

Datum ....   **Ort / Gebirge** ....

Dauer ....

Ausgangspunkt (Höhe) ....

Zielpunkt ....

Distanz ....   **Höhenmeter** ....

Begleiter ....

....

....

Wetter (durchschnittlich)

☀ ⛅ ☁ 🌥 🌧 ❄ °C

○ ○ ○ ○ ○ ○ .....

Etappen

Hütten / Einkehr

Bewertung

Schwierigkeit   Aussicht

☆☆☆☆☆   ☆☆☆☆☆

Landschaft   Frequentierung

☆☆☆☆☆   ☆☆☆☆☆

Stempel / Beleg

Besonderheiten, Erlebnisse & Fotos

• •

• •

• •

• •

• •

• •

Notizen

Name der Tour ....

Art der Tour ....

Datum ....

Dauer ....

Ort / Gebirge ....

....

Ausgangspunkt (Höhe) ....

Zielpunkt ....

Distanz ....

Höhenmeter ....

Begleiter ....

....

....

Wetter (durchschnittlich)

☼ ⛅ ☁ 🌥 🌧 🌨 🌡°C

○ ○ ○ ○ ○ ○ .....

Etappen

Hütten / Einkehr

Bewertung

Schwierigkeit

☆ ☆ ☆ ☆ ☆

Aussicht

☆ ☆ ☆ ☆ ☆

Landschaft

☆ ☆ ☆ ☆ ☆

Frequentierung

☆ ☆ ☆ ☆ ☆

Stempel / Beleg

Besonderheiten, Erlebnisse & Fotos

♦ • ♦

♦ • ♦

♦ • ♦

♦ • ♦

♦ • ♦

♦ • ♦

Notizen

Name der Tour ....

Art der Tour ....

Datum .... **Ort / Gebirge** ....

Dauer ....

Ausgangspunkt (Höhe) ....

Zielpunkt ....

Distanz .... **Höhenmeter** ....

Begleiter ....

....

....

Wetter (durchschnittlich)   °C

○   ○   ○   ○   ○   ○   .....

Etappen

Hütten / Einkehr

Bewertung

Schwierigkeit	Aussicht
☆☆☆☆☆	☆☆☆☆☆

Landschaft	Frequentierung
☆☆☆☆☆	☆☆☆☆☆

Stempel / Beleg

Besonderheiten, Erlebnisse & Fotos

· ·

· ·

· ·

· ·

· ·

· ·

Notizen

Name der Tour ....

Art der Tour ....

Datum ....
Dauer ....

Ort / Gebirge ....
....

Ausgangspunkt (Höhe) ....
Zielpunkt ....

Distanz ....

Höhenmeter ....

Begleiter ....
....
....

Wetter (durchschnittlich)

○ ○ ○ ○ ○ ○ .....

°C

Etappen

Hütten / Einkehr

Bewertung

Stempel / Beleg

Schwierigkeit
☆ ☆ ☆ ☆ ☆

Aussicht
☆ ☆ ☆ ☆ ☆

Landschaft
☆ ☆ ☆ ☆ ☆

Frequentierung
☆ ☆ ☆ ☆ ☆

Besonderheiten, Erlebnisse & Fotos

· ·

· ·

· ·

· ·

· ·

· ·

Notizen

Name der Tour ....

Art der Tour ....

Datum ....
Dauer ....

Ort / Gebirge ....
....

Ausgangspunkt (Höhe) ....
Zielpunkt ....

Distanz ....

Höhenmeter ....

Begleiter ....
....
....

Wetter (durchschnittlich)

☀ ⛅ ☁ ☁ 🌧 🌨 🌡°C

○   ○   ○   ○   ○   ○   .....

Etappen

Hütten / Einkehr

Bewertung

Schwierigkeit
☆ ☆ ☆ ☆ ☆

Aussicht
☆ ☆ ☆ ☆ ☆

Landschaft
☆ ☆ ☆ ☆ ☆

Frequentierung
☆ ☆ ☆ ☆ ☆

Stempel / Beleg

Besonderheiten, Erlebnisse & Fotos

•••

•••

•••

•••

•••

•••

Notizen

Name der Tour ....

Art der Tour ....

Datum .... **Ort / Gebirge** ....

Dauer ....

Ausgangspunkt (Höhe) ....

Zielpunkt ....

Distanz .... **Höhenmeter** ....

Begleiter ....

....

....

Wetter (durchschnittlich)

☀ ⛅ ☁ 🌥 🌧 🌨 🌡 °C

○ ○ ○ ○ ○ ○ .....

Etappen

Hütten / Einkehr

Bewertung

Schwierigkeit
☆☆☆☆☆

Aussicht
☆☆☆☆☆

Landschaft
☆☆☆☆☆

Frequentierung
☆☆☆☆☆

Stempel / Beleg

Besonderheiten, Erlebnisse & Fotos

....

....

....

....

....

....

Notizen

Name der Tour ....

Art der Tour ....

Datum ....
Dauer ....

Ort / Gebirge ....
....

Ausgangspunkt (Höhe) ....
Zielpunkt ....

Distanz ....
Höhenmeter ....

Begleiter ....
....
....

Wetter (durchschnittlich)

°C

○   ○   ○   ○   ○   ○   .....

Etappen

Hütten / Einkehr

Bewertung

Schwierigkeit
☆ ☆ ☆ ☆ ☆

Aussicht
☆ ☆ ☆ ☆ ☆

Landschaft
☆ ☆ ☆ ☆ ☆

Frequentierung
☆ ☆ ☆ ☆ ☆

Stempel / Beleg

Besonderheiten, Erlebnisse & Fotos

• •

• •

• •

• •

• •

• •

Notizen

Name der Tour ....

Art der Tour ....

Datum .... **Ort / Gebirge** ....
Dauer ....
....

Ausgangspunkt (Höhe) ....
Zielpunkt ....

Distanz .... **Höhenmeter** ....

Begleiter ....
....
....

Wetter (durchschnittlich)

☀ ⛅ ☁ ☁ 🌧 🌨 🌡°C
○ ○ ○ ○ ○ ○ .....

Etappen

Hütten / Einkehr

Bewertung

Schwierigkeit
☆ ☆ ☆ ☆ ☆

Aussicht
☆ ☆ ☆ ☆ ☆

Landschaft
☆ ☆ ☆ ☆ ☆

Frequentierung
☆ ☆ ☆ ☆ ☆

Stempel / Beleg

Besonderheiten, Erlebnisse & Fotos

• •

• •

• •

• •

• •

• •

Notizen

Name der Tour ....

Art der Tour ....

Datum .... **Ort / Gebirge** ....
Dauer ....

Ausgangspunkt (Höhe) ....
Zielpunkt ....

Distanz .... **Höhenmeter** ....

Begleiter ....
....
....

Wetter (durchschnittlich)

☀ 🌤 ☁ 🌥 🌧 🌨 🌡°C
○ ○ ○ ○ ○ ○ .....

Etappen

Hütten / Einkehr

Bewertung

Stempel / Beleg

Schwierigkeit
☆☆☆☆☆

Aussicht
☆☆☆☆☆

Landschaft
☆☆☆☆☆

Frequentierung
☆☆☆☆☆

Besonderheiten, Erlebnisse & Fotos

....

....

....

....

....

....

Notizen

Name der Tour...

Art der Tour ....

Datum ....
Ort / Gebirge ....

Dauer ....
....

Ausgangspunkt (Höhe) ....
Zielpunkt ....

Distanz ....
Höhenmeter ....

Begleiter ....
Wetter (durchschnittlich)
....
....

○   ○   ○   ○   ○   ○   °C .....

Etappen

Hütten / Einkehr

Bewertung

Schwierigkeit
☆ ☆ ☆ ☆ ☆

Aussicht
☆ ☆ ☆ ☆ ☆

Landschaft
☆ ☆ ☆ ☆ ☆

Frequentierung
☆ ☆ ☆ ☆ ☆

Stempel / Beleg

Besonderheiten, Erlebnisse & Fotos

◆ ◆

◆ ◆

◆ ◆

◆ ◆

◆ ◆

◆ ◆

Notizen

Name der Tour ....

Art der Tour ....

Datum ....
Dauer ....

Ort / Gebirge ....
....

Ausgangspunkt (Höhe) ....
Zielpunkt ....

Distanz ....

Höhenmeter ....

Begleiter ....
....
....

Wetter (durchschnittlich)

☀ ⛅ ☁ 🌥 🌧 🌨 🌡°C
○ ○ ○ ○ ○ ○ .....

Etappen

Hütten / Einkehr

Bewertung

Schwierigkeit
☆☆☆☆☆

Aussicht
☆☆☆☆☆

Landschaft
☆☆☆☆☆

Frequentierung
☆☆☆☆☆

Stempel / Beleg

Besonderheiten, Erlebnisse & Fotos

••

••

••

••

••

••

Notizen

Name der Tour ....

Art der Tour ....

Datum .... **Ort / Gebirge** ....

Dauer ....

Ausgangspunkt (Höhe) ....

Zielpunkt ....

Distanz .... **Höhenmeter** ....

Begleiter ....
....
....

Wetter (durchschnittlich)

☀ ⛅ ☁ 🌫 🌧 🌨 🌡°C
○ ○ ○ ○ ○ ○ .....

Etappen

Hütten / Einkehr

Bewertung

Stempel / Beleg

Schwierigkeit
☆ ☆ ☆ ☆ ☆

Aussicht
☆ ☆ ☆ ☆ ☆

Landschaft
☆ ☆ ☆ ☆ ☆

Frequentierung
☆ ☆ ☆ ☆ ☆

Besonderheiten, Erlebnisse & Fotos

• •

• •

• •

• •

• •

• •

Notizen

Name der Tour ....

Art der Tour ....

Datum .... **Ort / Gebirge** ....
Dauer ....

Ausgangspunkt (Höhe) ....
Zielpunkt ....

Distanz .... **Höhenmeter** ....

Begleiter ....
....
....

Wetter (durchschnittlich)

☀ ⛅ ☁ 🌥 🌧 🌨 🌡°C
○ ○ ○ ○ ○ ○ .....

Etappen

Hütten / Einkehr

Bewertung

Schwierigkeit
☆☆☆☆☆

Aussicht
☆☆☆☆☆

Landschaft
☆☆☆☆☆

Frequentierung
☆☆☆☆☆

Stempel / Beleg

Besonderheiten, Erlebnisse & Fotos

....

....

....

....

....

....

Notizen

Name der Tour ....

Art der Tour ....

Datum ....
Dauer ....

Ort / Gebirge ....
....

Ausgangspunkt (Höhe) ....
Zielpunkt ....

Distanz ....

Höhenmeter ....

Begleiter ....
....
....

Wetter (durchschnittlich)

☀ ⛅ ☁ ⛅ 🌧 🌨 🌡 °C
○ ○ ○ ○ ○ ○ .....

Etappen

Hütten / Einkehr

Bewertung

Stempel / Beleg

Schwierigkeit
☆ ☆ ☆ ☆ ☆

Aussicht
☆ ☆ ☆ ☆ ☆

Landschaft
☆ ☆ ☆ ☆ ☆

Frequentierung
☆ ☆ ☆ ☆ ☆

Besonderheiten, Erlebnisse & Fotos

• •

• •

• •

• •

• •

• •

Notizen

Name der Tour ....

Art der Tour ....

Datum .... **Ort / Gebirge** ....

Dauer ....

Ausgangspunkt (Höhe) ....

Zielpunkt ....

Distanz .... **Höhenmeter** ....

Begleiter ....

....

....

Wetter (durchschnittlich)

°C
○   ○   ○   ○   ○   ○   .....

Etappen

Hütten / Einkehr

Bewertung

Schwierigkeit
☆ ☆ ☆ ☆ ☆

Aussicht
☆ ☆ ☆ ☆ ☆

Landschaft
☆ ☆ ☆ ☆ ☆

Frequentierung
☆ ☆ ☆ ☆ ☆

Stempel / Beleg

Besonderheiten, Erlebnisse & Fotos

• •

• •

• •

• •

• •

• •

Notizen

Name der Tour ....

Art der Tour ....

Datum .... **Ort / Gebirge** ....

Dauer ....

Ausgangspunkt (Höhe) ....

Zielpunkt ....

Distanz .... **Höhenmeter** ....

Begleiter ....

....

....

Wetter (durchschnittlich)

○   ○   ○   ○   ○   ○   .....

Etappen

Hütten / Einkehr

Bewertung

Stempel / Beleg

Schwierigkeit ☆☆☆☆☆

Aussicht ☆☆☆☆☆

Landschaft ☆☆☆☆☆

Frequentierung ☆☆☆☆☆

Besonderheiten, Erlebnisse & Fotos

• •

• •

• •

• •

• •

• •

Notizen

Name der Tour ....

Art der Tour ....

Datum ....
Dauer ....

Ort / Gebirge ....
....

Ausgangspunkt (Höhe) ....
Zielpunkt ....

Distanz ....

Höhenmeter ....

Begleiter ....
....
....

Wetter (durchschnittlich)

☀ ⛅ ☁ ⛅ 🌧 ❄ °C

○   ○   ○   ○   ○   ○   .....

Etappen

Hütten / Einkehr

Bewertung

Schwierigkeit
☆☆☆☆☆

Aussicht
☆☆☆☆☆

Landschaft
☆☆☆☆☆

Frequentierung
☆☆☆☆☆

Stempel / Beleg

Besonderheiten, Erlebnisse & Fotos

....

....

....

....

....

....

Notizen

Name der Tour ....

Tour 26

Art der Tour ....

Datum .... **Ort / Gebirge** ....
Dauer ....

Ausgangspunkt (Höhe) ....
Zielpunkt ....

Distanz .... **Höhenmeter** ....

Begleiter ....
....
....

Wetter (durchschnittlich)

☀ ⛅ ☁ 🌫 🌧 🌨 🌡°C

○ ○ ○ ○ ○ ○ .....

Etappen

Hütten / Einkehr

Bewertung

Stempel / Beleg

Schwierigkeit
☆☆☆☆☆

Aussicht
☆☆☆☆☆

Landschaft
☆☆☆☆☆

Frequentierung
☆☆☆☆☆

Besonderheiten, Erlebnisse & Fotos

• •

• •

• •

• •

• •

• •

Notizen

Name der Tour ....

Tour 27

Art der Tour ....

Datum .... **Ort / Gebirge** ....

Dauer ....

Ausgangspunkt (Höhe) ....

Zielpunkt ....

Distanz .... **Höhenmeter** ....

Begleiter ....
....
....

Wetter (durchschnittlich)

☀ ⛅ ☁ 🌥 🌧 🌨 🌡
○ ○ ○ ○ ○ ○ ....

Etappen

Hütten / Einkehr

Bewertung

Schwierigkeit
☆☆☆☆☆

Aussicht
☆☆☆☆☆

Landschaft
☆☆☆☆☆

Frequentierung
☆☆☆☆☆

Stempel / Beleg

Besonderheiten, Erlebnisse & Fotos

· ·

· ·

· ·

· ·

· ·

· ·

Notizen

Name der Tour ....

Art der Tour ....

Datum ....

Dauer ....

Ort / Gebirge ....

....

Ausgangspunkt (Höhe) ....

Zielpunkt ....

Distanz ....

Höhenmeter ....

Begleiter ....

....

....

Wetter (durchschnittlich)

☀ ⛅ ☁ 🌥 🌧 🌨 °C

○ ○ ○ ○ ○ ○ .....

Etappen

Hütten / Einkehr

Bewertung

Stempel / Beleg

Schwierigkeit

☆☆☆☆☆

Aussicht

☆☆☆☆☆

Landschaft

☆☆☆☆☆

Frequentierung

☆☆☆☆☆

Besonderheiten, Erlebnisse & Fotos

◆ ◆

◆ ◆

◆ ◆

◆ ◆

◆ ◆

◆ ◆

Notizen

Name der Tour ....

Art der Tour ....

Datum ....
Dauer ....

Ort / Gebirge ....
....

Ausgangspunkt (Höhe) ....
Zielpunkt ....

Distanz ....

Höhenmeter ....

Begleiter ....
....
....

Wetter (durchschnittlich)

☀ ⛅ ☁ 🌫 🌧 🌨 🌡 °C
○ ○ ○ ○ ○ ○ .....

Etappen

Hütten / Einkehr

Bewertung

Stempel / Beleg

Schwierigkeit
☆☆☆☆☆

Aussicht
☆☆☆☆☆

Landschaft
☆☆☆☆☆

Frequentierung
☆☆☆☆☆

Besonderheiten, Erlebnisse & Fotos

....

....

....

....

....

....

Notizen

Name der Tour..............................

Art der Tour ....

Datum .... **Ort / Gebirge** ....

Dauer ....

Ausgangspunkt (Höhe) ....

Zielpunkt ....

Distanz .... **Höhenmeter** ....

Begleiter ....

....

....

Wetter (durchschnittlich)

☀ ⛅ ☁ 🌫 🌧 🌨 🌡

○ ○ ○ ○ ○ ○ .....

Etappen

Hütten / Einkehr

Bewertung

Schwierigkeit
☆ ☆ ☆ ☆ ☆

Aussicht
☆ ☆ ☆ ☆ ☆

Landschaft
☆ ☆ ☆ ☆ ☆

Frequentierung
☆ ☆ ☆ ☆ ☆

Stempel / Beleg

Besonderheiten, Erlebnisse & Fotos

••

••

••

••

••

••

Notizen

Name der Tour ....

Art der Tour ....

Datum ....
Dauer ....

Ort / Gebirge ....
....

Ausgangspunkt (Höhe) ....
Zielpunkt ....

Distanz ....

Höhenmeter ....

Begleiter ....
....
....

Wetter (durchschnittlich)

○   ○   ○   ○   ○   ○   °C .....

Etappen

Hütten / Einkehr

Bewertung

Schwierigkeit
☆ ☆ ☆ ☆ ☆

Aussicht
☆ ☆ ☆ ☆ ☆

Landschaft
☆ ☆ ☆ ☆ ☆

Frequentierung
☆ ☆ ☆ ☆ ☆

Stempel / Beleg

Besonderheiten, Erlebnisse & Fotos

◆ ◆

◆ ◆

◆ ◆

◆ ◆

◆ ◆

◆ ◆

Notizen

Name der Tour ....

Art der Tour ....

Datum .... **Ort / Gebirge** ....

Dauer ....

Ausgangspunkt (Höhe) ....

Zielpunkt ....

Distanz .... **Höhenmeter** ....

Begleiter .... **Wetter** (durchschnittlich)

.... ☀ ⛅ ☁ 🌥 🌧 🌨 🌡 °C

.... ◯ ◯ ◯ ◯ ◯ ◯ .....

Etappen

Hütten / Einkehr

Bewertung

Schwierigkeit   Aussicht

☆☆☆☆☆   ☆☆☆☆☆

Landschaft   Frequentierung

☆☆☆☆☆   ☆☆☆☆☆

Stempel / Beleg

Besonderheiten, Erlebnisse & Fotos

· ·

· ·

· ·

· ·

· ·

· ·

Notizen

Name der Tour ....

Art der Tour ....

Datum .... **Ort / Gebirge** ....

Dauer ....

Ausgangspunkt (Höhe) ....

Zielpunkt ....

Distanz .... **Höhenmeter** ....

Begleiter ....

....

....

Wetter (durchschnittlich)

☀ ⛅ ☁ 🌤 🌧 🌨 🌡 °C

○   ○   ○   ○   ○   ○   .....

Etappen

Hütten / Einkehr

Bewertung

Schwierigkeit
☆ ☆ ☆ ☆ ☆

Aussicht
☆ ☆ ☆ ☆ ☆

Landschaft
☆ ☆ ☆ ☆ ☆

Frequentierung
☆ ☆ ☆ ☆ ☆

Stempel / Beleg

Besonderheiten, Erlebnisse & Fotos

◆ ◆

◆ ◆

◆ ◆

◆ ◆

◆ ◆

◆ ◆

Notizen

Name der Tour ....

Art der Tour ....

Datum ....   **Ort / Gebirge** ....

Dauer ....

Ausgangspunkt (Höhe) ....

Zielpunkt ....

Distanz ....   **Höhenmeter** ....

Begleiter ....

....

....

Wetter (durchschnittlich)

☀ ⛅ ☁ ☁ 🌧 🌨 🌡
○ ○ ○ ○ ○ ○ .....

Etappen

Hütten / Einkehr

Bewertung

Schwierigkeit
☆☆☆☆☆

Aussicht
☆☆☆☆☆

Landschaft
☆☆☆☆☆

Frequentierung
☆☆☆☆☆

Stempel / Beleg

Besonderheiten, Erlebnisse & Fotos

$\cdots\cdots\cdots\cdots\cdots\cdots\cdots\cdots\cdots\cdots\cdots\cdots\cdots$

$\cdots\cdots\cdots\cdots\cdots\cdots\cdots\cdots\cdots\cdots\cdots\cdots\cdots$

$\cdots\cdots\cdots\cdots\cdots\cdots\cdots\cdots\cdots\cdots\cdots\cdots\cdots$

$\cdots\cdots\cdots\cdots\cdots\cdots\cdots\cdots\cdots\cdots\cdots\cdots\cdots$

$\cdots\cdots\cdots\cdots\cdots\cdots\cdots\cdots\cdots\cdots\cdots\cdots\cdots$

$\cdots\cdots\cdots\cdots\cdots\cdots\cdots\cdots\cdots\cdots\cdots\cdots\cdots$

Notizen

Name der Tour ....

Art der Tour ....

Datum .... **Ort / Gebirge** ....

Dauer ....

Ausgangspunkt (Höhe) ....

Zielpunkt ....

Distanz .... **Höhenmeter** ....

Begleiter ....

....

....

Wetter (durchschnittlich)

○   ○   ○   ○   ○   ○   .....

Etappen

Hütten / Einkehr

Bewertung

Schwierigkeit
☆☆☆☆☆

Aussicht
☆☆☆☆☆

Landschaft
☆☆☆☆☆

Frequentierung
☆☆☆☆☆

Stempel / Beleg

 ## Besonderheiten, Erlebnisse & Fotos

....

....

....

....

....

....

Notizen

Name der Tour ....

Art der Tour ....

Datum ....   **Ort / Gebirge** ....

Dauer ....

Ausgangspunkt (Höhe) ....

Zielpunkt ....

Distanz ....   **Höhenmeter** ....

Begleiter ....

....

....

Wetter (durchschnittlich)

☀ 🌤 ☁ 🌥 🌧 🌨 °C
○   ○   ○   ○   ○   ○   .....

Etappen

Hütten / Einkehr

Bewertung

Stempel / Beleg

Schwierigkeit
☆ ☆ ☆ ☆ ☆

Aussicht
☆ ☆ ☆ ☆ ☆

Landschaft
☆ ☆ ☆ ☆ ☆

Frequentierung
☆ ☆ ☆ ☆ ☆

Besonderheiten, Erlebnisse & Fotos

◆ ◆

◆ ◆

◆ ◆

◆ ◆

◆ ◆

◆ ◆

Notizen

Name der Tour ....

Art der Tour ....

Datum .... **Ort / Gebirge** ....
Dauer ....

Ausgangspunkt (Höhe) ....
Zielpunkt ....

Distanz .... **Höhenmeter** ....

Begleiter ....
....
....

Wetter (durchschnittlich)
☀ ⛅ ☁ 🌥 🌧 🌨 🌡 °C
○ ○ ○ ○ ○ ○ .....

Etappen

Hütten / Einkehr

Bewertung

Schwierigkeit
☆☆☆☆☆

Aussicht
☆☆☆☆☆

Landschaft
☆☆☆☆☆

Frequentierung
☆☆☆☆☆

Stempel / Beleg

Besonderheiten, Erlebnisse & Fotos

....

....

....

....

....

....

Notizen

Name der Tour ....

Art der Tour ....

Datum ....
Dauer ....

Ort / Gebirge ....
....

Ausgangspunkt (Höhe) ....
Zielpunkt ....

Distanz ....

Höhenmeter ....

Begleiter ....
....
....

Wetter (durchschnittlich)

○   ○   ○   ○   ○   ○   ..... °C

Etappen

Hütten / Einkehr

Bewertung

Schwierigkeit
☆ ☆ ☆ ☆ ☆

Aussicht
☆ ☆ ☆ ☆ ☆

Landschaft
☆ ☆ ☆ ☆ ☆

Frequentierung
☆ ☆ ☆ ☆ ☆

Stempel / Beleg

Besonderheiten, Erlebnisse & Fotos

• •

• •

• •

• •

• •

• •

Notizen

Name der Tour ....

Tour 39

Art der Tour ....

Datum ....

Dauer ....

Ort / Gebirge ....

....

Ausgangspunkt (Höhe) ....

Zielpunkt ....

Distanz ....

Höhenmeter ....

Begleiter ....

....

....

Wetter (durchschnittlich)

☀ ⛅ ☁ 🌥 🌧 🌨 🌡 °C

○ ○ ○ ○ ○ ○ .....

Etappen

Hütten / Einkehr

Bewertung

Schwierigkeit

☆ ☆ ☆ ☆ ☆

Aussicht

☆ ☆ ☆ ☆ ☆

Landschaft

☆ ☆ ☆ ☆ ☆

Frequentierung

☆ ☆ ☆ ☆ ☆

Stempel / Beleg

Besonderheiten, Erlebnisse & Fotos

· ·

· ·

· ·

· ·

· ·

· ·

Notizen

Name der Tour ....

Art der Tour ....

Datum .... **Ort / Gebirge** ....

Dauer ....

Ausgangspunkt (Höhe) ....

Zielpunkt ....

Distanz .... **Höhenmeter** ....

Begleiter ....

....

....

Wetter (durchschnittlich)

☀ 🌤 ☁ ⛅ 🌧 🌨 🌡 °C

○　○　○　○　○　○　.....

Etappen

Hütten / Einkehr

Bewertung

Schwierigkeit
☆ ☆ ☆ ☆ ☆

Aussicht
☆ ☆ ☆ ☆ ☆

Landschaft
☆ ☆ ☆ ☆ ☆

Frequentierung
☆ ☆ ☆ ☆ ☆

Stempel / Beleg

Besonderheiten, Erlebnisse & Fotos

· ·

· ·

· ·

· ·

· ·

· ·

Notizen

Name der Tour ....

Art der Tour ....

Datum .... **Ort / Gebirge** ....

Dauer ....

....

Ausgangspunkt (Höhe) ....

Zielpunkt ....

Distanz .... **Höhenmeter** ....

Begleiter ....

....

....

Wetter (durchschnittlich)

°C
○ ○ ○ ○ ○ ○ .....

Etappen

Hütten / Einkehr

Bewertung

Stempel / Beleg

Schwierigkeit
☆ ☆ ☆ ☆ ☆

Aussicht
☆ ☆ ☆ ☆ ☆

Landschaft
☆ ☆ ☆ ☆ ☆

Frequentierung
☆ ☆ ☆ ☆ ☆

Besonderheiten, Erlebnisse & Fotos

· ·

· ·

· ·

· ·

· ·

· ·

Notizen

Name der Tour ....

Art der Tour ....

Datum ....
Dauer ....

Ort / Gebirge ....
....

Ausgangspunkt (Höhe) ....
Zielpunkt ....

Distanz ....

Höhenmeter ....

Begleiter ....
....
....

Wetter (durchschnittlich)

☼ ⛅ ☁ 🌥 🌧 🌨 🌡 °C
○ ○ ○ ○ ○ ○ .....

Etappen

Hütten / Einkehr

Bewertung

Stempel / Beleg

Schwierigkeit
☆ ☆ ☆ ☆ ☆

Aussicht
☆ ☆ ☆ ☆ ☆

Landschaft
☆ ☆ ☆ ☆ ☆

Frequentierung
☆ ☆ ☆ ☆ ☆

Besonderheiten, Erlebnisse & Fotos

• •

• •

• •

• •

• •

• •

Notizen

Name der Tour ....

Tour 43

Art der Tour ....

Datum ....

Dauer ....

Ort / Gebirge ....
....

Ausgangspunkt (Höhe) ....

Zielpunkt ....

Distanz ....

Höhenmeter ....

Begleiter ....
....
....

Wetter (durchschnittlich)

☀ ○ ⛅ ○ ☁ ○ 🌥 ○ 🌧 ○ 🌨 ○ 🌡 °C .....

Etappen

Hütten / Einkehr

Bewertung

Schwierigkeit
☆☆☆☆☆

Aussicht
☆☆☆☆☆

Landschaft
☆☆☆☆☆

Frequentierung
☆☆☆☆☆

Stempel / Beleg

Besonderheiten, Erlebnisse & Fotos

••

••

••

••

••

••

Notizen

Name der Tour ....

Art der Tour ....

Datum .... **Ort / Gebirge** ....
Dauer ....

Ausgangspunkt (Höhe) ....
Zielpunkt ....

Distanz .... **Höhenmeter** ....

Begleiter ....
....
....

Wetter (durchschnittlich)

☀ ⛅ ☁ 🌥 🌧 🌨 🌡°C
○ ○ ○ ○ ○ ○ .....

Etappen

Hütten / Einkehr

Bewertung

Stempel / Beleg

Schwierigkeit
☆☆☆☆☆

Aussicht
☆☆☆☆☆

Landschaft
☆☆☆☆☆

Frequentierung
☆☆☆☆☆

Besonderheiten, Erlebnisse & Fotos

••

••

••

••

••

••

Notizen

Name der Tour ....

Tour 45

Art der Tour ....

Datum ....

Dauer ....

Ort / Gebirge ....
....

Ausgangspunkt (Höhe) ....

Zielpunkt ....

Distanz ....

Höhenmeter ....

Begleiter ....
....
....

Wetter (durchschnittlich)

○   ○   ○   ○   ○   ○   .....

Etappen

Hütten / Einkehr

Bewertung

Schwierigkeit
☆ ☆ ☆ ☆ ☆

Aussicht
☆ ☆ ☆ ☆ ☆

Landschaft
☆ ☆ ☆ ☆ ☆

Frequentierung
☆ ☆ ☆ ☆ ☆

Stempel / Beleg

Besonderheiten, Erlebnisse & Fotos

◆ ◆

◆ ◆

◆ ◆

◆ ◆

◆ ◆

◆ ◆

Notizen

Notizen

Notizen

Notizen

Notizen

Impressum:
Z. Wolle
Christian Zengerling
Bahnhof 14
06420 Könnern
Deutschland

ISBN: 9783754352274

Herstellung und Verlag: BoD – Books on Demand, Norderstedt